JN409268

바다마음

바다 마음

'산문은 펼치는 글, 시는 오무리는 글'

"인순아, 네 글이니 잘 간직했다가 시집갈 때 가져가라. 어느 비싼 선물보다 나을 게다."

여고시절, 선생님의 이 말씀이 이제 한 권의 시집으로 태어나는 순간을 맞이하게 되었습니다.

'산문은 펼치는 글이며 시는 오무리는 글' 이라 했는데 저는 아직도 거기에 미치지 못하는 새내기 문학인에 불과합니다.

국제문화예술협회 열린문학회에서 신인상을 받고부터 문학의 길로 매진해야겠다는 결심을 갖게 되었습니다.

부족한 저에게 문학 이론과 휴머니즘을 바탕으로 지도해주신 김선 박사님과 오문옥 회장님께 감사드리며 국제문화예술협회 열린문학회 회원들과 이 기쁨을 함께 나누고 싶습니다.

남편의 따뜻한 사랑과 배려에 감사드리고 삶의 보호자가 된 두 아들과 곱고 착한 두 며느리에게도 사랑을 담아 전합니다.

시집 출판을 적극 권유해 주신 신윤식 전 하나로 통신 회장님과 신준우 전 교통방송 사장님, 여기까지 올 수 있게 도와주신 신용수 박사님 그리고 종친회 발전에 힘쓰시는 여러분과 저를 아시는 모든 분들께 감사드립니다.

2018년 5월

신인순

1부 반딧불이 사랑

2부 별 하나 꽁꽁

3부 콩 볶아 먹는 날

4부 누룽지 친구

5부 주꾸미와 낙지

1부
반딧불이 사랑 • • •

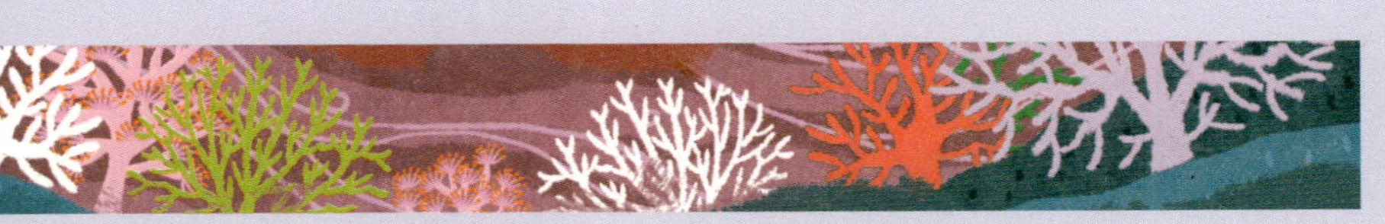

자신을 불태운 아픔은
숭고한 죽음이 되어
영원한 빛 은하수로 흐르네

반딧불이 사랑

반딧불이 삶의 터전
맑은 하천, 깊은 풀 숲

고귀한 사랑 찾아
보름 동안 산천 헤매다
딱 한 번의 만남으로
단 한 번의 애틋한 사랑

첫 날밤
죽음 맞이하는 애비
뒤이어 어미

못다 이룬 반딧불이 사랑
애달픈 사연들이
밤하늘 한 자락 끝에서
옛 이야기 속삭이는 듯

자신을 불태운 아픔은
숭고한 죽음이 되어
영원한 빛 은하수로 흐르네.

동백꽃이 피면

담 너머 동백꽃이
꽃봉오리를
붉게 피어오르니

나도 덩달아
붉은 동백꽃
한 송이 피어올라

한 마리 새 날아와
붉은 동백 꽃 잎
따 물고
창공을 치솟아 오르면

몸서리치는 그리움
한 겹 한 겹
다 날아가 다 날아가
툭툭 떨어져 우는
동백꽃잎

소고춤

만국기 펄럭이는 넓은 운동장
구령대 위에서 어린 내가
아버지가 만들어 주신 콩 소고를
마음껏 흔들어 댔다
짜르짜르 짜르르르
짜르짜르 짜르르르

십년 후, 다시 돌아온 모교
송 선생이 아니고
누가 저렇게나
오~ 용산마을 은우 아재 딸
꽉 찬 운동장
뒷동산도 떠나갈듯 우레 박수소리
아버지는 빙그레 웃었다

어제 올림픽 파크텔에서 우연히
"저, 어린 시절 소고 춤 선생님 아니십니까?"
문득 지나간 추억이 달려와 요동치는데
뼛속 깊은 아버지 사랑 에워싸니
울컥 눈시울 붉어지는 나

외갓집 가는 길

어머니 머리 위 대나무 석작
떡 가득 담아 외갓집 가던 날
고갯마루 성황당 떡 올려놓고
흰 치마 자락 나부끼며 빌고 또 빌던
곱고 고우시던 내 어머니

바닷가 외갓집 개펄에 다시 오니
꼬막 줍던 어머니 보이지 않고
짱뚱어 팔딱팔딱 잘도 뛰는데
언제쯤 오실까 물결 따라 오실까
자식밖에 모르시던 내 어머니

내 작은 손 쓰다듬고 어루만지시며
울지 마라 울지 마라 달래시더니
푸른 바다 저 멀리 물결 따라 가셨을까
이제는 먼 나라 영영 가신 내 어머니
목이 메어 불러 봐도 물결만 출렁출렁
아무리 불러 봐도 물결만 출렁이네

미나리 손자

미나리 잘 자라는 한겨울
살얼음 깨 수확한 미나리
그윽한 향기에 기막힌 맛까지

이천 팔년 일월 십사일
귀한 생명이 우렁찬 울음 터뜨려
흐린 물에서도 잘 자라는
용트림 미나리로 왔는지 몰라

흐린 물은 걸러서 맑은 물로
우리 몸의 얼룩 피도 맑게 한다는
싱싱한 미나리로 왔는지 몰라

삶의 향기 가득한 이 땅에
우렁찬 그 아이 울음은
사랑 꽃으로 곱게 피어나
이 세상에 꿈과 사랑으로 왔을 걸

매화의 정원

하얀빛 매화
한 송이 피어오르니
그대 따라 하얀 마음
피어오르고

분홍빛 매화
한 송이 피어오르니
나도 따라 분홍 얼굴
화사하네.

새들이 날아와
봄노래 부르는 고운 날
움트는 새싹들도
쏘~옥 희망 들어 올리니

조용한 매화의 정원이
이토록 활기찬 것은
그대 삶의 터전에
기쁨을 전하는 봄소식인 것을

효정(孝精)의 길

군대 두 번 가신 우리 아버지
한 번은 자신이 가야할 애국의 길
또 다른 하나는 형님의 길

집안 궂은일 도맡아하시고
피비린내 육이오 전쟁 목숨 걸어
두 번 군대 가신 쑥 향기 그윽한 길

뒤주를 네 개 만든 우리 아버지
두 개는 우리 배고픔 달래기
또 다른 두 개는 큰 집 배고픔 달래기

열 두 식구 큰 집에
행여 홀어머니 배 곪으실까봐
뒤주에 쌀, 보리쌀 떨어질세라
큰 집 식구 모르게 채우셨으니
효정의 길 가신 우리 아버지

지금은 꽃가마에 할머니 모시고
하늘나라 꽃길로 유람 다니시겠지

봄 향기

창 너머
아담한 정원에
분홍 꽃 매화
그대가 불쑥 찾아와
봄 향기로 가득하네

칼바람 숨었다
살그머니 나타나도
함초롬히 피어 방긋 웃는
그윽한 사랑의 향기

그대는 나의 온 몸을 짙은 향기로
못 견디게 에워싸고
빙빙 돌며
떠날 줄을 모르네

외항선의 노장

"숙모, 왜 그렇게 삼촌한테 잘 해!"
"항구에 예쁜 여자들 오죽 많니?"

미남 삼촌 빼앗기기 싫다며
커플 금반지 끼고 다정하게
삼촌 손잡고 고향 찾아오실 때마다
우리는 소녀 마음 숙모 보며 웃었지

늙으신 모습의 누님 영정 앞에서
"우리 누님, 정말 예쁘구나!"
한참동안 엄마를 그리시고 글을 쓰셨다

외항선 내릴 때마다
부산에서 고흥으로 선물 가득 안고
누님 찾아 우리 찾아 먼 길 오셨는데

지금도 내 가슴 속에 뛰는
갈색 빛나는 멋진 기린 선물
미남 우리 삼촌 그 곱고 깊은 사랑
저승길 엄마는 안고 가셨을 거야

목이 닫히는 날

물을 삼켜도 밥알이 돌처럼
넘어가지 않아
목이 닫히는 날이 나에게 있었지

어머니 돌아가실 때도 슬퍼 그랬고
아버지 너무 일찍 가셔서 막막할 때

아들이 군대 가는 날 보내 놓고
목욕탕 들어가 엉엉 울고 나서도
아들이 군대 가서 다쳤을 때
기도하다 나도 몰래

생사 갈림 길 넘나드는
남편 보며 가슴 꽉 조여

밥알이 돌처럼 물을 삼켜도
넘어가지 않고 목이 닫히는 날
밥알이 목에 걸려 절대 넘어가지 않던
그런 날이 사랑으로 남았네

겨울 한가운데

갯벌로 향하는 발길은 주저함이 없다

손끝이 꽁꽁 얼어붙고
코끝이 빨갛게 얼어붙어도
누군가의 미래가 달려 있어
갯벌로 향하는 발길은
한 치의 망설임이 없다

풍풍 빠지는 질퍽한 갯벌
고드름 발을 들어 질질 끌어다
질퍽질퍽 한 발짝 내 딛고
질퍽질퍽 한 발짝 나아가며
자신의 손끝이 갈라지든 말든

세월 뒤집어 쓴 꼬막
삶을 뒤집어 쓴 석화
손자 납부금이 손녀 공책 한 권이
지아비 지어미 영혼이 떠도는
하늘가 그 빈자리

청명한 가을의 선물

청명한 가을 하늘 아래
활짝 핀 국화꽃 향기 날리고
오곡이 곡간에 수북이 쌓이던 날
이 세상에 힘차게 태어난
내 사랑하는 아들아~

대추, 밤 넣어 푹 끓인 사골탕은 할머니가
서예가 글씨 받아 만든 병풍은 할아버지가
외할아버지는 햅쌀 한 가마니를
남해 바다 향기 가득한 돌미역은 외할머니가

밤낮을 가리지 않고 우렁찬 울음소리
잠 못 자서 눈이 빨개진 아버지
소녀들 킥킥 웃음 교정을 휘돌고
새 날은 유달산 넘어 남해로 흐르는데

발가락 하나 손가락 하나 귀엽고 신기해
하느님의 경이로운 축복에 감사하고
여왕 대접 받아도 마냥 좋았던
그 때의 추억이 기쁨으로 흐르네

불암사에 갔더니

비빔밥 한 수저 입에 넣고 보니
한 방울 물에도 천지의 은혜가 들어 있어
어머니 말씀이 여기 와 계시고

된장국 한 수저 입에 넣고 보니
한 알의 곡식에도 만인의 노고가 들어 있어
어머니 말씀이 여기와 계시네

불암사 기왓장 한 장에
어머님께 못 다한 사랑
불효 딸 눈물 편지 쓰는데
고운 목련이 빙그레 엿보는 꽃길

청아한 범종소리 하늘로 치솟아
어머니 나라로 울려 퍼지고
내 마음은 맑은 물에 씻기는 듯
밝은 노래 어머니 목소리에 젖어드네

왕손과 왕발

어이 자네, 잘 했어
정말 잘 했어
지금부터 이 간난 아이가
장군이랑께

분명히 오른쪽이었는데
방금 왼쪽으로 고개를 돌려
믿기지 않거든 눈 떠서 자네도 보게

간난 아기를 수없이 지켜봤지만
태어나자마자 고개를 돌린 아이는
난, 처음 봤당께
놀라워 정말 놀라워

이 손 좀 보게
이 발가락 좀 보게
손발이 이렇게 큰 것도
예사롭지 않으이
장군아들 틀림없당게
분명 큰 사람 될 걸세

그랬다
동네 할머니들조차도
이 아이 좀 봐
금메달 황영주 왕발 선수 2세 났네
돌이 아직도 멀었는데
벌써 걸어가는 것 좀 봐
어제는 지아비의 신발 끌고 가던데

젓가락질, 걷고 달리기
또래 아이들이 보다 여러모로
앞서 간다고 칭찬 일색
왕손에 힘이 솟고
왕발로 내딛는 걸음
미래에 당당하여라

꽃잎 밟고 가는 길

엄~마 엄마 하던 아들 군대 보내고
이 어미는 남모르게 눈물 지우네
바쁘다고 맛난 반찬도 못해 준 것이
오늘에야 이 가슴이 저미어 오네

엄~마 엄마 하던 딸을 타지 보내고
이 어미는 남모르게 눈물 지우네
변변하게 옷 한 벌도 못해 준 것이
오늘에야 이 가슴이 저미어 오네

엄~마 엄마 하던 아들 장가보내고
이 어미는 남모르게 눈물지우네
생일날 미역국 끓여가지고
공주 살이 며느리 집에 아들 보러 가네

엄~마 엄마 하던 딸을 시집보네고
이 어미는 남모르게 눈물지우네
파김치 무김치 담아가지고
왕자 살이 사위집에 딸 보러 가네

축제

꺾자꺾자 고사리 꺾자
뒷동산 고사리 꺾어다가
우리 할배 반찬하세

꺾자꺾자 고사리 꺾자
팔영산 고사리 꺾어다가
우리 할매 반찬하세

문지기 문지기 문 열어 주소
열쇠 없어 못 열겠네
문지기 문지기 문 열어 주소
열쇠 없어 못 열겠네

꼬리 따세~ 우~ 우~
잡았다! 잡았어!
할배 꼬리 잡히고 말았네
할매, 할아비 두고 도망치네

앞서거니 뒤서거니
집안은 온통 아이들 세상
웃음꽃 세상 행복이 솟는 축제장

더덕 손 어머니

빨래 줄에 국수 가락이
따가운 햇살 받으며 줄지어 내려오고
콩가루 콧바람에 날려가며
국수 새참 먹던 훈훈한 날

지붕보다 더 높던 볏단이
한 단씩 허물어져 벼 타작한 날이면
삶은 장어 절구통에 으스러지고
된장, 고추장, 마늘, 시래기 어우러져

질그릇에 한 가닥
일꾼들 맛 좋다
어쩔 줄 모르던 날이면
엄니 손은 더덕 꽃이었지

새 찬 비바람이 몰아쳐도
끄떡 않고 파란 하늘을 향해
두 팔을 내저으며
힘차게 올라가는 날이면
엄니 손은 더덕 덩굴이었지

황금빛 구름 물들이고
태양이 햇살 쏟아내는
아침이 오면
호박 된장국 냄새 구수하고
가지나물 참기름 냄새 요동치면
엄니 손은 더덕 향기였지

뒷동산 산밭에 더덕향기 풍기고
마당가에 대봉감이 꽃등불 밝히는데
주인은 어디 가고 새 한 마리 우는가
내 심장을 지르는 사금파리 한 조각

2부

별 하나 꽁꽁

하늘 별 세다 별세다
살짝 잠이 들었다 깨어보면
아직도 여전히

별 하나 꽁꽁

별 하나 꽁꽁
아들 꽁꽁
티 없이 해맑은 웃음
늘 하얀 한복 고우시던
우리 할머니

안방에 걸어 놓은 액자
세 아들과 함께
삼촌 유학 시절 찍은 가족사진 속
잘 생긴 대학생 삼촌 보시고
늘 눈물 훔치셨지

그 건
국립 중앙 현충원
벽에 이름 석 자뿐인
'신 · 만 · 우'
나라 아들 된 삼촌 생각에

늘 그랬지
눈물로 키운 유복자여서
피눈물은 가슴의 상처가 되었지

할머니는 밤마다
별 하나 꽁꽁 아들 꽁꽁
별 하나 꽁꽁 아들 꽁꽁

나는
별 둘 꽁꽁 별 셋 꽁꽁
별 넷 꽁꽁 별 다섯 꽁꽁

하늘 별 세다 별세다
살짝 잠이 들었다 깨어보면
아직도 여전히

별 하나 꽁꽁 아들 꽁꽁
별 하나 꽁꽁 아들 꽁꽁

우리 할머니 하늘나라
지금도 이리 세고 계실까

농산 '신득구'를 아는가?

아~ 슬프도다!
뭐가 그리 슬프시나요?
황금기에 들어선 농산 '신득구' 선생
대 유학자를 모르고 살아왔으니
너무 부끄러워서…

아~ 아깝도다!
뭐가 그리 아까우시나요?
우둔한 자들을 탓해 무얼 하겠는가마는
누구보다도 많이 알고
누구보다 앞서 간다고

무지였나, 질투 심보였나
천하에 길이 빛날 철학 이야기
집을 다 불태워 재가 되고 말았으니
한국의 르네상스 잃었구나!

백 년 동안 잠자던
성균관 서재에서 제자들 문집에서
겨우 찾아낸 농산 공의 말씀
먼지 탈탈 털고 보니

아~ 주옥같은 명문!
기막힌 탁론!

한밤중에도 벌떡 일어나
누구나 쉽고 편하게
읽게 할 수는 없을까?
잠 못 이루어 펴낸
'천설 · 천인변'

퇴계 율곡 학문을 집대성하여
한국의 르네상스 부활하니
천하에 길이 빛낼
위대한 학문 소문 퍼져

동서양 바다 건너
먼 나먼 곳에서도
농산 '신득구' 선생 찾아
세계 석학들이
이 땅에 몰려오네요

단재 '신채호' 선생

독립운동가 탈을 쓴 자들
호의호식할 때
민족의 존속을 위해
모든 재산과 목숨마저도
조국에 바친 진정한 애국자

일제 호적에 등제를 거부하고
무국적자로 언행일치를 실천해
그 자손들 고초와 수난
어찌 말로 다 할 수 있겠는가

그대들 기억 하는가
기미 독립선언보다 더 통절한
'조선 혁명선언'
국호, 정권, 생존권
되찾자는 뜨거운 외침을

차가운 뤼순 감옥
악독한 고문으로 옥사한 단재
오늘도 광복 조국은
분단 고통으로 울고 있다

진정한 애국자를
제대로 알지 못한 자
애국자라 자칭하며 뽐내는 자

아직도 이 땅에
아직도 이 땅에

'자신의 나라를 사랑하려거든
역사를 바로 배울 것이며
다른 사람에게 나라를 사랑하게 하려거든
역사를 읽혀 바로 알게 할 것이라!'

슬픈 조국 되찾기 위한
나라 사랑 불사조의 단재
아려오는 가슴으로 불러보네

세한도

먼 길 오가며 서책 갖다 준
제자 '이상적' 위한 수묵화는 무슨 뜻인가
스승(김정희)의 깊은 뜻, 헤아릴 수 있었을까

집 한 채 사이에 두고 소나무와 잣나무
추운 겨울 카랑카랑 여전히 푸른
고목이 휘어져 풍성한 옆가지
주 빗 주 빗 곱게 뻗은 늘 푸른 기운
잘 어우러져 말 하는가

적막한 한겨울 험난한 귀향 살이
홀로 고독을 견디며
선비로써 하고 싶은 말 거기에 담겨있어

세한도, 그 진가
새들이 노래하거나 꽃을 피우지 않아도
깜깜한 적막 속에 푸른 기운
어려움에 처해 봐야만 알게 된다고
고난을 이겨낸 위대한 정신문화의 산물
영원한 인고 보물이여!

불멸의 가수

봄비 내리는 삼각지 로타리
잠 못 드는 배호의 눈물비인가
'누가 울어'
소리 없이 흘러내리는
눈물 같은 이슬비인가

낮게 떨리는 중후한 슬픈 소리
머나먼 이국 땅 만주에서 부모잃고
견디기 힘들었을 고난을 토해낸
피눈물의 절규였던가

'안개 속에 가버린 사람'
야윈 두 뺨에 흘러내리는 ~
애잔한 그대 사랑 목소리
가던 길 멈추고 눈물 글썽이네

'마지막 잎새'
그대, 흐느끼며 떠났어도
오늘도 삼각지 로타리 평화 동산에
영원히 살아있는 고뇌의 속삭임
천상의 가수 '배호'
마음 속 깊이 추모하네

유달산과 영산강

바다 넘어 왜적이 올 것이야
강을 건너 왜적이 올 것이야
우리 땅 삼키러 올 것이야

고하도 앞에 척후선
신호, 보내오거든

모닥불 활 활 활 지펴라
아녀자들 모여들어
강~ 강~ 수~ 월~ 래
강~ 강~ 수~ 월~ 래

영산강 횟가루 뿌려라
강~ 강~ 수~월~ 래
강~ 강~ 수~월~래

아니, 군사가 저렇게도 많을까
아니, 군량미가 저렇게도 많을까
후퇴하자 도망가자
어서 빨리 후퇴하자

유달산 바위는 쌀가마니
영산강 횟가루는 쌀 뜨물

우리 역사 멸망 직전에
부활의 실마리를 안겨주신
이순신장군의 전승 속
여기, 놀라운 묘책이 숨어 있었네

유달산 노적봉에 올라
영산강과 고하도를 바라보니
잔잔한 푸른 물결 속에
살아 숨 쉬는 역사를 품어보니

이순신 장군 지혜의 덕으로
유달산을 넘나드는
한가로운 흰 구름

정조 효심의 배다리

배 엮어 만든 진정 배다리인가
머나먼 그 옛날
강의 가운데 가장 큰 배
양쪽은 작은 배

한 척은 강의 상류 향해 머리 두고
한 척은 하류 향해 서로 교차시켜
닻을 내릴 때 닻끼리
서로 엉키지 않아 정연하고

용산에서 노량진, 용이 꿈틀대듯
한꺼번에 출렁대며 강을 건너가네

짧은 기간 제작, 적은 비용, 많은 물자
알뜰한 배다리 건너 사람들이 가나
수원화성으로 회갑 잔치 가나

정조의 깊은 효심은 한강에 흐르고
茶山 정약용의 지혜
오늘에도 빛나는 최고의 걸 작품
나는 이 배다리를 건너며
역사의 진한 향기에 취해보네

남한산성

청의 대군 피해 남한산성 숨어들어
추위와 굶주림
절대적인 군사적 열세 속
청군에 완전히 포위된 상황
대신들의 의견 또한 첨예하게 맞서니

순간의 치욕을 견디고
우선 나라와 백성을 지켜야해
청의 치욕스런 공격에
끝까지 맞서 싸워 대의를 지켜야해

인조의 번민은 깊어지고
청의 무리한 요구와 압박
더욱 거세지는데...

나아갈 곳도 물러설 곳도 없는
그 어떤 도움도 받지 못하고
남한산성에 갇혀 고립된 나라의 운명!
아~치욕의 그 날

외세에 맞서서 싸웠던
잊을 수 없는 남한산성

소떼

수많은 소떼 앞장 세워
휴전선 넘어 북으로 행진하실 때
뜨거웠던 희열의 순간
지금도 설레는 이 가슴
말로 다 표현할 수 없네

깐깐하기로 소문난 영국 은행
배짱 하나 내밀어
큰돈을 통 크게 빌려오시어
아무도 예상하지 못 했던 일
거대한 울산 조선소 세우시니
사람들은 경악했지

한 겨울 칼바람 쌩쌩 부는데
아이젠하워 대통령 방한 시
초록빛 보리밭을 통 채로 떠다가
보리밭 초록물결 아름다운 잔디밭
오~ 멋진 이 발상
불가능에서 가능으로

토지 작가 박경리 선생님
시상식에 못 간다는 소문 들고서
“비행기 타고 다녀오시오”

문인들이 할아버지 눈에 밟혀
늘 그리하신 것은
어머니 꽃신 하나 사 드리는 것이
소년의 고운 꿈이 살아와서

이 순간도
수많은 사람들 양식을 챙겨주시고
수없이 죽어가는 생명을 살리시니
하늘이 내리신 단비 같은 아산
이 땅에 위대한 분

새로운 '망종'

-현충일을 맞이하여-

연초록 산천이 고운 절기
망종인줄 알고 가셨을까

벼, 보리 수염 까끄라기
보리 거두고 모내기 심는
딱 알맞은 시기 망종
허리 아프면 다리 아프면
'보리그을음'
비벼 먹으면 병이 없어져

싱그러운 들판에 씩씩한
오~그대들
보리그을음으로 가셨을까

나라 위한 숭고한 희생정신
까끄라기 곡식에 녹은 그 충성

생명을 잉태한 삶의 밑거름
새로운 희망 열어준 영혼들이시여
아~ 망종에 가시었네
민족의 고마운 면류관이여

상처 난 소나무

금수강산에 질 좋은 우리 소나무
방방곡곡 칼질 당했지

전국 명산에 쇠말뚝 박기
범호대 호랑이 멸종
민족 역사 20여만 권 소각
이것도 모자라 조선총독부 조선 8도
어린 학생들마저 송진 채취 강요

가지, 옹이, 뿌리 불에 구워 받아낸
우리 소나무인지라 색 없는 기름일까

할당량 채우지 못 하면
징병 징역 불이익 당하니
농사철에 농사 제대로 지울 수 없어
궁핍 피할 수 없고 그나마 쌀도

나라 잃은 처절한 그 상흔
'역사 상실하면 나라 망한다'
지금도 애처로운 그 소나무

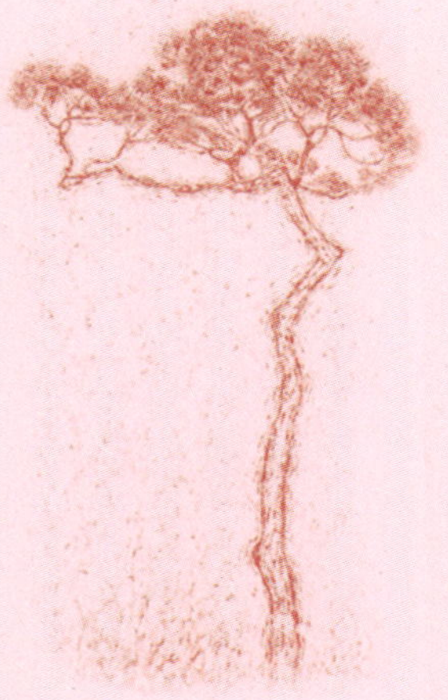

사월의 그날

-4.19묘지 잔디밭에서-

영광스러운 민주 영령들이여
봄바람에 꽃비로 내려오시나

자유의 흐느낌인가
민주의 몸부림인가
정의의 피눈물인가

으스러지듯 서러운 몸짓으로
대지를 촉촉이 적시러
이 땅에 꽃비로 내려오시나

활짝 핀 봄꽃같이 생기발랄
싱싱하던 그대들이여

민주주의의 나무는
백성들의 피를 먹고 자라서
양심은 부끄럽지 않다
결코 외롭지 않다

영원한 민주주의를 사수한
민주 영령들이여

봄바람에 꽃비로 내려오시나
어지러운 지금의 난국은
평화통일을 앞당기는 고통인가
세계 속에 당당한 선진 사회로
힘차게 나아가려는 시련인가

자유와 평화의 상징
젊은 꽃비 내려오시나
우리 품속에 꼭 안기고 싶어
슬픈 꽃비로 내려오시나
희망 꽃비로 내려오시나

독립군의 대부 최재형(패치카)

"내가 피하고 나면
일본군은 어머니와 너희들
모두를 체포해 갈 것이다
식구들 모두 고문하며 때리고
내가 있는 곳 밀고하라 요구할 것이다

나는 이미 늙었고 적지 않게 살았으니
나 혼자 죽는 편이 더 낫다
너희들은 아직 살아야 한다"

마지막 말 남기고
잔혹한 고문에
1920년 4월 6일
산화한 최재형(패치카)

이국 만 리 타국에서 독립군 이끌며
굶주린 백성까지 살핀 따뜻한 구원자
아~ 독립군의 대부를

그의 뜨거웠던 조국 사랑
독립된 조국의 푸른 하늘아래

한풀이 나풀대며
피눈물 녹아든 숨결이
'랑 코리아' 멋진 뮤지컬로 피어
온 몸을 에워싸며 밀려와

역사 앞에 부끄럽고
역사 앞에 우매한 우리
후회의 흐느낌 여기저기

뒤늦게 그의 무덤 찾아 나섰지만
아직까지 찾지 못 해
광복된 이 땅을 맴도는 영혼
'최재형' (페치카) 독립군 대부

장미꽃과 슬픈 아기 새

나뭇잎이 숲으로 덮어오는
유월의 예쁜 장미꽃 사랑 곁에서
곱게만 자라던
귀여운 아기 새 한 마리 있었지

먼 옛날 비바람 치며
전쟁 상흔으로 아플 때
울음으로도 지울 수 없는 그 날
뚝! 뚝! 피로 물들었고
나라 지키신 아빠 잃은 슬픈 아기 새

아~ 서러워라
아기 새의 어미 새마저 울음 삭이며
새둥지로 떠나버리고
갈 곳 잃은 외로운 아기 새
흔들린 몸짓 받쳐줄 이 없어
울며 떨어지던 상처투성이 장미꽃잎

이제 시련은 삶의 밑거름으로
알뜰히 가꾸는 어미 새의 삶

유달산의 노래비

~사공의 뱃노래 가물거리며~
'목포의 눈물' 노래 이난영
그녀가 살았던 언덕 꼭대기 집

북향에서 불어오는 칼바람
항구에 맺은 절개 목포사랑 되었나
가난이 힘겨워 애절하고 부드러운
아롱 젖은 새 악시 옷자락 되었나

가슴 파고드는 그녀의 노래
고단한 그녀의 삶이었을까

민족의 한을 넘어서는 슬픔은
기쁨의 희망으로 흐르는데
'목포의 눈물'
유달산 노래비 앞에 서니

심금을 울리는 천상의 목소리
'목포는 항구다'
영원한 그녀의 사랑 나래
푸른 바다 춤추는 파도라네

무등골 손사래

무등골 왜 눈물 흘리지

오늘이 생일이라는
서른일곱 젊은 여인
완도에서 급히 광주로 올라와
귀한 따님 보시려다 산화한 아버지~
목이 메어 부르는 딸의 애절한 편지

자기만 이 날 태어나지 않았더라면
아빠는 엄마랑 행복하게 살았을 것을
한으로 얼룩진 피맺힌 사연 때문일까

가슴 아픈 상처
좌절의 늪 해매이면서도
희망을 꿈꾸어 온 저들을 향해
침묵을 깨는 치유와 다짐 앞에
야윈 볼에 흐르는 기쁜 눈물

눈물의 빙상여제

"이상화, 괜찮아! 이상화, 괜찮아!"
드높은 함성소리 빙판을 빙빙 돌고
어머니도 딸도 눈물로 맞이한 은메달

밴쿠버 태극기, 소치 태극기
온 누리에 태극기 휘날린 빙상여제
우리의 긍지 확실히 심어줬어

'평창' 이라는 이름만 들어도
울컥! 하다는 빙상여제 그녀
기다림 끝에 평창
금메달보다 더 빛난 은메달

한 길만 내다보고 얼음 위에서
그동안 얼마나 힘들었을까
상처투성이 그녀 태극발

아직도 깨어지지 못한
그녀의 세계 신기록
그녀는 영원한 우리의 태극 낭자

오월의 흥소리

얼~씨구 까르르
좋다 까르르
아이들의 싱그러운 웃음소리
저리도 예쁘고 사랑스러울까

지 ~화~자 좋다
좋고도 좋다
조상님 저리도 좋으실까

우리 강산 들꽃들 이름 몰라도
보기만 해도 기뻐 눈물 난 것은
같은 뿌리에서 피어난 들꽃이라서

오~이 흥겨운 벅찬 소리 들리나
얼마나 기다려온 멋진 소리인가
백두 천지에서 한라 백록까지

얼~쑤 ~ 아름다운
절~쑤 ~ 우리 강산
얼씨구 절씨구
좋고도 좋다~

닫힌 가슴 펑 뚫어 평화 열리니
오월의 향기로운 웃음소리
온 세상을 사랑으로 넘나드네

3부

콩 볶아 먹는 날 •••

콩 볶아 먹어보자 콩 볶아 먹어보자
톡 톡 따따따 딱 톡 톡
곡식 여무는 소리 풍년 오는 소리

콩 볶아 먹는 날

봄의 문턱, 음력 이월 초하루
콩 볶아 먹는 날, 선머슴의 날

콩 볶아 콩 볶아 콩 볶아보자
톡 톡 따따따 딱 톡 톡

두더지가 도망가니 벌레들이 도망가고
동네방네 쥐들도 도망가기 바쁘구나

볶아 보자 볶아보자
새알 볶아보자 쥐 알 볶아보자

찬바람이 가는 듯 따뜻한 바람 오는 듯
농사짓기 딱 좋다 딱 좋아
선머슴, 너도 나이 떡 먹고 기운 내라
아이들아, 니들도 주머니 넣고 다니며
힘센 돌이 되려면 자주자주 먹어라

콩 볶아 먹어보자 콩 볶아 먹어보자
톡 톡 따따따 딱 톡 톡
곡식 여무는 소리 풍년 오는 소리

봄 손님

누구 오시는가
여린 새싹 나올 듯 말 듯
연둣빛 웃는 얼굴로
쏘~옥 쏘~옥 오시는 듯

누구 오시는가
꽃잎 필 듯 말 듯
고운 빛 웃는 얼굴
몽~올 몽~올 오시는 듯

누구 오시는가
개구리 뛰는 깊은 골짜기
맑은 얼굴로
초~올 초~올 오시는 듯

바쁘신 해님도 희망 싣고
봄빛 다 모셔 오는데
내 임은 언제 오시는가

오랑 오랑 짹 짹
오랑 오랑 짹 짹

내 고향 고흥반도

우뚝 솟은 팔봉 역사가 서린
팔영산에 올라보니
옥빛 바다 해안선이 곱기만 하네

꼬막, 굴, 장어, 파래 맛있게 먹고
천방지축 뛰어놀던
고흥 반도 터를 가진 그대들
지금은 어디에서 무얼 할까

상큼하고 달콤한 유자향기
진하게 번지는 능가사
청청한 범종소리 마늘밭 가르고
붉은 석류꽃 영혼을 노래하니

푸른 꿈이 넘실대는
외나로도 우주센터 인공위성
희망 담아 하늘 높이 날리네

팔영산 둘러싼 바다
임진왜란 좌수영 본거지
왜적들을 물리친 승리의 사당

고독한 영웅 이순신 영정 앞에
내 가슴이 울컥, 숙연해진 나

퇴계 율곡 성리학 학문을
천하에 드높인
농산 신득구 공의 주옥같은 서책들
흙 속에 오래 묻힌 진주 찾아내니
환호성 지르며 몰려드는 세계 석학들
난, 뿌듯하여 밤잠 설치네

조상의 얼이 꿈틀거려
숨 가쁘게 몰아쉬는 역사 위에
미래가 탄탄한 삶의 터전
활력이 넘치는 내 고향 고흥반도

고향 찾아온 발걸음마다
피곤한 마음을 달래준 그리운 어머니
그 목소리 아득히 들려오는
정든 내 고향 아름다운 고흥반도

– '천설 · 천인변' 서책에 2018. 02 기재 –

우리가 몰랐던 적금도(積金島)

아재, 그 먼 곳까지
뭐하려 가셨나요
아름다운 해안선 걸으시게
적금도와 고흥 잇는 팔영대교 보시게

아재, 그 곳까지 뭐하려 가셨나요
고동 따고 조개 주우시려고
옳아, 길가 항아리 1급수 드시려고

아닐 세, 그게 아닐 세
아주 오래 전, 우리 조상 한 분이
앞태 뒤태 다 예쁜 처녀랑
인적 없는 이 섬에 뿌리 내렸다네.
놀랍게도 팔십여 가구 중에
우리 후손들이 절반 넘게 살고 있었네

어쩌면, 팔영산에 달뜨면
고향 찾아오실 뻔도 하는데
아재, 뭐가 그리 좋아서 그랬을까요?
거기, 볼 것은 있던 가요

모진 풍파 몰아쳐도 끄떡 않고
자손 교육 우선하여
효정(孝情)의 길 살아온 모습이
효열문에 적혀 있었네

척박한 섬 돌밭 일구고
바다 고기 잡아
황금의 섬이 된 적금도
금이 난다는 말은 빈말이 아니었네

아늑하고 평온한 아름다운 이 섬에
우리 조상의 뿌리를 알아내니 벅차오르는
마음을 가눌 길 없었네

아이고~ 가고 싶어라
동강 아재, 저도 가고 싶어요
살포시 짠 내 나는 바닷길
우리 함께 걸어보면 어떨까요

희망 파는 호미손

엄니엄니 우리 엄니
울 아부지 세상 떠나
둥지 잃은 모진 세월

외지 나가 공부하는
새끼 다섯 내 새끼들
생활비를 어찌 할고
납부금을 어찌 할고

엄니 배 곪은 것은
아무것도 아니라며
내 새끼들 배 곪을까
끼니도 잊어 불고
억척으로 산밭 파네

엄니엄니 우리 엄니
해 지는 줄도 모르지만
희망 파는 호미손아

내 고향이 왔어

땀과 정성을 담은 그리운 고향을
친정 오라비가 보내 왔어

고향 고구마는 고향 옷 입어 멋쟁이
마당가에 평상 펴고 앉아 흙 내음 풍기며
오손도손 고향 이야기 정겹기만 하고

고향 대봉감은 고향 옷 입어 멋쟁이
장독대 옆 덕석 깔고 앉아 달콤한 향기 풍기며
즐거운 고향 합창 나도 따라 불러보네

아~리 랑~ 아리랑 내 고향 고구마야~
아~리 랑~ 아리랑 내 고향 대봉감아~
아~리 랑~ 아리랑 비껴가는 찬바람아~

풍요로운 우리 고향 맛이 최고라지
신토불이 먹어 미래 주인공 건강하네
활기 넘쳐나는 우리 아이들 웃음소리
고향 향기 창 넘어 온 누리로 퍼져가네

꽃샘추위

온 세상이
연둣빛으로 물들거든
그대의 다정한
입맞춤 덕분인 것을

꽃송이들이
볼 붉히며 피어나는 것은
포근한 그대의 품안이 좋아
그런 것을

허나
봄님이랑 단둘이
이불 속에 들어간 것은
시샘 많은 봄바람이 몰고 온
꽃샘추위 탓인 게야

청명(淸明)

울 엄니, 호미 하나 들면
이 땅 곳곳에 생명 심고 우주도 심어
부지깽이도 심으면 싹이 난다는
청명에

울 엄니는 바가지에 호박 씨 담아
담장 밑에도 울타리 아래에도
두덕두덕 밭둑에도
흙 덮고 잘 크라 인사하네

주렁주렁 열매 거두는
놀라운 기쁜 희망에
포근한 땅에 허리 굽혀
공손히 인사하며 사랑도 심으니
풍요로운 삶이 다가 오는 듯

울 엄니는 지금도
허리 굽혀 인사하며
따뜻한 정으로 새 생명 심어
끝없이 넓은 별나라도
풍요로워질 거야

친구

그 마음 볼 수 없어도
선한 눈웃음 속에
추억의 정이 담겨 있어

그 마음 만질 수 없어도
다정한 몸짓에서 치자 꽃향기

속마음 열어 수다 떨면
꽁한 마음 실타래 풀리듯

하찮은 길섶 풀잎 하나에도
빛나는 햇살 다가와
어루만지 듯 어루만지 듯
고향 노을이 얼마나 정겨운지
뒷동산이 얼마나 포근한지

잠든 옛 추억을 뒤흔들어
아름다운 내 고향이 부르니
친구 따라 나도 고향 가네

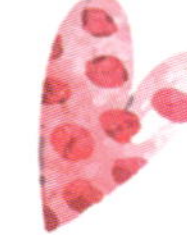

먹때깔(까마중)

순이 입술 보랏빛
야, 무섭다 예~
섭이 너는 아예 까맣다야

먹때깔 따 먹고 놀다가
해가 꼴딱 져 입술이 시퍼런 아이

아니, 너 입술이 왜 그래
먹때깔 따 먹어서 그래요
섭이 입술은 나보다 더 많이 부었는데

저런 많이 따 먹었나보네
너무 많이 먹어서는 안 돼

가뭄 든 오뉴월 땡볕아래
물 한 모금 먹지 못해도
끄떡 않고 잘 자란 먹때깔

조상 얼비치는 질긴 내 고향 정든 땅
강인한 먹때깔 고운 추억이
하얀 나래를 펴며 다가오네

무등산 내 친구

무등산이 좋아 사는
옛 고향 친구
세월 따라 녹슨 몸일지라도
무등산 중턱 아름다운 공원
토끼 등에 매달고

바위에 걸터앉으면
광주 시내 한 눈에 쏘옥
뼛속까지 스며드는 바람
가슴에 맺힌 응어리도
시원하게 날려 보내고

친구, 니는 어찌 지낸 당가 잉
응, 나는 '택시 운전사' 영화 보며
피눈물의 주먹밥, 찜통 더위도 잊고
울컥! 눈시울 뜨거웠다

손맛 좋고 마음씨 고운
내 친구 그 날 힘주어 싸던 주먹밥
지금 나도 묵고 싶다 야!
그리운 내 친구야!

가을바람 여인들

아름다운 가을을
꾹꾹 눌러 담아 단양 골에 모인
고향 옛 친구들

고운 단풍 품은 산 아래
한들거리는 하얀 억새 찍어 바르고
드높은 맑은 하늘마저 품에 안으니
웃음꽃 활짝 꽃길 되고

어릴 적 맑았던
옛 추억 꺼내어 우정잔치 벌리니
단양 팔경을 수놓은 함박웃음 소리
강바람도 숨죽여 깊어가는 가을밤

나 자랑 없어도 친구들 덕택에 배불러
인생의 풍요로움을 보자기에 담아
고갯마루 오르는데
샘난 가을바람이 자꾸만 따라오네

고향 맛 여기에

햇볕 따스한 봄날
속옷은 겨울옷 겉옷은 봄옷
차려 입고 나갔지

대치 사거리 성당 건너편
반가운 '여수 오동도'
고향이 거기 와 기다리고 있었네

감칠맛 막걸리 식초 어우러져
기막힌 이 맛이 옛 고향 맛이라며
웃음꽃이 활짝 피어 즐거운 시간

우선 뜨거운 미역국으로 몸을 녹이고
병어회 밥과 비벼 김에 싸서 먹으니
얼마나 맛이 좋던지
차갑던 몸은 금세 풀어지고
행복한 기분이 찾아 들었어

요즘 비싸서 사 먹을 엄두도 못 냈는데
돌아오는 발걸음이 가벼운 것은
남쪽 바다 그리운 고향 담아 와서

행복

바람 따라 오는 게 아니지
물결 따라 오는 것도 아니지

자신의 모습에서
자신이 좋아하는 모습에서
아주 사소한 일에서

여린 손으로 걸레질하다
할미 머리카락 주워 들고
따박따박 다가오던 날

이 세상에서
이보다 예쁜 건 못 봤어

아~ 얼마나 기쁜데

연둣빛 새싹이 쏘옥
그 때도 기적이었지만
손자 손녀 귀여운 모습은
못 따라 오더라

할머니의 물레질

누에고치 실뽑기 물레질하신
할머니 곁에 천방지축 달려와

나 줘요 나 줘요
애들아, 차례를 지켜야지
우리는 슬금슬금 한 줄로 조용히 앉아
초롱초롱 빛나는 눈동자 굴리네.

모시 적삼 할머니 물레질 한창이면
하얀 누에 실이 물레에 쌓이고
홀라당 옷 벗은 누에는
뜨거운 물에 퐁~당!
번데기로 쏘옥 떠오르기만 하면
옛 다! 먹어라

입안에 하얀 뜬 물 팍! 터져
이보다 고소한 맛 어디서 찾아볼까
할머니 사랑 먹고 우리 어깨 으쓱으쓱
웃음꽃 피어나신 우리 할머니
지금도 저승에서 물레질 하실까
하얀 한복 고우시던 우리 할머니

산수유 꽃마을

노오란 노란 요정들이
봄 튀밥 터트려서 축배를 들면
노란 꽃 향연의 마을은
푸른 하늘 품어
깊은 물속에서도
노오란 기쁨이 일렁이네

오는 이 가는 이
노오란 희망 담아
웃으며 오고가고

나그네도
풍요로운 노란 삶
우리랑 랑~ 우리랑 랑~
흥타령 허리춤에 달고 가니

산수유 꽃 피어
활기찬 노란 마을은
행복한 이 땅의 낙원일세

빛나라 빛나

아예 입 닳아 대답이 없던 빛나
한 해 두 해 열 두 해 그리 살아
주변 이들도 그냥 그런 애라 여겼어

따뜻한 봄이 돌아오면
부끄럼 많은 소녀가 될 아이
눈 맞추면 이리저리 피해
난, 그냥 따뜻한 봄 햇살만 보냈지

어느 날, 목련 꽃봉오리 같은 입 벙긋
봄노래 부르다가 눈 마주쳐
볼이 빨개진 예비 소녀
난, 더 밝은 햇살 환한 웃음 보냈지

그 해 가을 운동회
맨 앞에 숨 가쁘게 달려와
내 품에 와락 안긴 채 두 눈에 빛나던
아침 이슬 같은 눈물방울
가을 햇살에 덕석몰이 당한 우리

그냥 건너 준 햇살이었는데
아름다운 한 조각 추억이 지금도

귀향

남해바다 옥빛 팔영산 아래
꿈 심던 어린 시절
무지개 따라 마구 뛰어들던 웅석받이로
거친 세상 모진 풍파 다 겪어
먼 여행에서 돌아온 고달픈 나그네
후회의 통곡소리 애달프구나!

엄마 품속 포근한 산이 다독다독
울긴 왜 울어, 울지 마
뼛속 깊이 스며드는 다정한 품에 안겨
위로 받고서 더 슬프게 울었네

고뇌는 바다로 흘러가고
절망은 땀으로 녹아내려
온몸에 따뜻한 피 솟구쳐
한결 가벼워진 어깨 너머로
아늑한 꿈길 가슴에 안고

허리춤에 희망 메고 일어나
새 삶의 터에 힘찬 발걸음 내딛어
정다운 산이 손잡고 빙그레 웃네

4부

누룽지 친구 • • •

세상사 이야기꽃을 피우며
그대, 술자리 함께하니
근심은 시름시름 앓다갔지

누룽지 친구

아무도 오지 않는
나 홀로 생일 밥상머리에
솥 바닥에 눌어붙어
자신을 모두 불태운 그대 오니
외로움은 슬그머니 떠났지

아무도 오지 않는
나 홀로 밥상머리에
부글부글 하얀 거품 춤추며
영혼마저 물에 녹인 그대 오니
고소함이 웃으며 찾아왔어

세상사 이야기꽃을 피우며
그대, 술자리 함께하니
근심은 시름시름 앓다갔지

이제 자유가 흐르는 강가
예전에 뿌린 씨앗들이 돋아나고
가장 낮은 자리에 앉은 그대
사랑을 떠받치고 있어
고독을 밀어내고서

그 시절의 빛 방울

어린 시절 세상의 모든 것들은
반짝반짝 빛이 났지

까치발 딛고 잡으려 애써도
잡히지 않던 골목길 담쟁이 잎
쉼터이며 놀이터 평상에서
아무리 까치발 딛고 서 봐도
손닿을 수 없었던 감나무 잎

까칠해도 호박잎에 머물고 간 빛 방울
강아지풀에 매달린 동그란 빛 방울
토란잎 미끄럼 탄다고
또 르 르 또르르
수정 같은 무지개 물방울들이

빛이 좋아 반짝반짝 빛났지

그 시절의 고운 것들
손에 다시 잡을 수 없어도
은방울 빛이 났던 건
내 눈에 담긴 세상이 아니라
아마도 세상을 향한 호기심이었고
부풀어 오른 무지개 꿈이었음을

달덩이 아짐

해창만 바닷가에 살던 아짐이
아재를 만나 결혼식이 있던 날
축사를 했지 어린 내가

보름달 같이 예쁘고
비단결 마음 아짐이 시집 와서
엄마는 기쁘기 그지없다고
아짐 칭찬 입에 달고 살아
내가 축사해 드려서 그럴까
가끔 엉뚱한 생각도 했지

친정집 아담한 정원에
변함없이 밝은 웃음으로 오셨지
홍매화 피어오르면
꽃 본다고 홍매화로 오시고
유자 익으면 유자향기로 오시고
기쁜 날 슬픈 날 눈비 와도
한결 같은 웃음꽃으로 오셨지

노랗게 잘 익은 호박 따며
달콤하고 맛 좋은 호박죽 끓여
엄마 함께 자주 이러시니
고향 집 웃음이 유자나무에 걸려
늘 그랬지

엄마 보내는 장례식장
“잠을 통 못 잤는디 간밤에는
엄니가 날 재워줘서 푹 잤네”
엄마 영혼과 한밤 주무시고 내려가셨는데

전화로 들려오는 떨리는 아재 목소리
“된장 뜨러 갔다가 고추장 떠 온다네”
순간 핑 돌아 떨어지는 눈물방울
아짐 사랑 간절히 기도하는 나

봄바람아, 누구 먼저

봄바람이 살 살 살
부채질 하는가 싶더니

목련이 몽 올 몽 올 젖가슴 내밀고
진달래가 분홍 입술 쏘옥 내밀자
호 호 히히히
개나리가 잔웃음 흘기는데

미나리 원추리가 솟구치고
쑥도 살그머니 솟구쳐

목련이 먼저냐 미나리가 먼저냐
진달래가 먼저냐 원추리가 먼저냐

내가 먼저인지
지가 먼저인지

나도 모르고
지도 모르는데
봄바람은 아는 듯
살랑살랑 흔들며 가네.

아침을 열면

쏟아진 밝은 햇살이
창문을 뚫고 찾아들어
신비한 날개 활개 치는
싱싱한 아침이 문을 열면

창가 비둘기 한 쌍
아침 인사 받으며
물 한 컵 쫙 ~들이키네

나도 모르게 흥얼흥얼
맑은 공기랑 함께하는 상쾌한 아침
내 마음은 더 빛나는 햇살

예전에 미처 몰랐던
작은 기쁨들이 어둠을 뚫고
고개를 쳐들어 희망 안고 피어나
봄 향기 가득 찾아오는 아침

여기까지 온 나의 찬란한 아침을
이제 다 감사할 뿐
더 이상 뭘 바래

어떤 행복한 아들

엄마가 쓰러졌다고 전화 온 것은
저승길 간다고 아들한테 알리는 것이요

갈 수 없어 집에 있다 지쳐 잠들었을 때
엄마는 아들 잠자는 모습 보고
저승길 편히 간다는 것이요

하얀 소복 입은 엄마
촛대 앞에 앉은 아들 보며
예전 눈빛이 아닌 것은
정신 똑바로 차리고 만만치 않은 세상
힘차게 살아야한다는 눈빛이요

동네 할매 이야기, 그건 세상에서
정 떼는 눈빛이라고 말한 것도
혹여 세상이 그대 속을 끓여도
연연하지 말고 박차고 일어나라는 것이니

그대 엄마 간지 삼십 년이나
고작 십년인 여인이나
엄마 사랑 출발점 결승점은 같다오

김치의 지혜

배추 땅에서 뽑힐 때
'욱!' 솟구치는 성질 죽이고
소금에 팍 절여질 때
자기만 내세운 외고집 죽이고

매운 고추
짠 젓갈 뒤범벅 될 때
삐딱하게 기울어져 빗어진
고정관념 죽이고

땅에 묻힐 때
남을 배려하지 않는 성질 죽이니
욕심 훌훌 털어버리고
조금씩 양보하면

하하 허허 하하 허허
웃음꽃 활짝 피어나니
숙성된 우리 삶이 밝아오네

강아지 맞을 준비

파김치 좋아해 두 시장을 더 터 와
우리 부부 눈물 짜며 벗겨
멸치 젓갈, 홍시, 생강 넣어
그대로 버무리니 톡~쏴 맛 좋겠어

속이 노란 초록빛 봄 동도 비벼
동그란 이름표 달아주고
시금치, 녹두 나물, 오이지
참기름 듬뿍 넣어 이름표 달고 보니
정월 대보름 너 더위도 못 했네

동생 강아지 좋아하는 고구마 삶고
오빠 강아지 좋아하는 돼지고기
생강, 된장 넣어 푹 삶고

수건 거둬 손빨래, 해님한테 맡겨두고
바쁜 이 몸 씻고 나니
강아지 맞을 준비 다 되었나 싶은데
아 차, 봄볕에 이불 보송보송 해야지

이제 끝났나 싶어 현관 문 쳐다보네

허기진 밥상

왜 밥상 차려줘
바가지에 밥 퍼 주면 되지

어매 무서워라 어매 더러워라
거지만 보면 도망 다니던 시절

거지만 나타났다하면
동네 사람들마다 손들어 가리킨 곳

그 곳은 우리 집
덕석에 앉아 상 받쳐 밥 먹는 이들

나, 그들 보면 토할 것 같은데
코로 들어가는 건지 입으로 들어간 건지
허기진 배 채우는 동안
내내 흐뭇해하신 함박꽃 우리 할머니

그들 대접하던
동그란 밥상 가져 가셨을까
지금도 하늘나라에서도 영원히
그들 밥상 차리고 계실까

이바지 참 꼬막

오십여 년 전, 아주 먼 곳으로 시집 간
이웃집 언니, 이바지 선물로
참 꼬막 한 말(열 되)가져간 거야

시댁 사람들 어떻게 해 먹을지 몰라
가마솥에 넣고 팍팍 삶아
임금께 올린 귀한 진상품이라 듣고
정중히 조상님 상에 올리고

다들 둘러앉아 하나씩
입에 넣고 가만히 씹어보니
엄청 단단해 이빨 깨지게 생겼거든
체면에 이러지도 저러지도 못 해
서로 불룩불룩 눈치보다 내려놓았대

앗, 따, 충청도 양반 댁으로
시집 잘 가는 줄 알았재
꼬막도 모르는 양반인 줄 미처 몰랐네
쑥덕거리는 소리 귓전에 맴돌아
밤잠 설치는 친정어머니

한과 그 정성

꽃잎이 날아와 앉은 듯
강정 약과 유과 입에 넣으면
어여쁘고 참으로 달고 맛있어

유밀과, 다식, 정과, 과편, 숙식과, 엿강정
전통 혼례, 제례, 연회에 빠지지 않아

대나무 바구니에 소복이
정성을 심어 삶을 녹이니
부드러우면서도 바삭한 이 맛의 기쁨
뒤통수마저 뜨끈뜨끈
아이부터 노인까지 친숙한 맛

한민족 혼이 서려있어
사연이 깊은 우리 과자 한과
역사 속에 잠자다 부활한
전통과자 한과는
아름다운 정성의 과자이며
세계 속 멋진 우리네 혼일세

동네방네 김장하기

온다 했지 온다 했지
온다 했지 온다 했지
답답한 자기 양반들 풀어 내리려
윗마을 형님 아랫마을 동서
모동 댁, 신동 댁 이웃사촌 총집합

일 년 농사 펼쳐놓고
무는 주인장 배추는 안주인
파란 고추 빨간 고추 생강 마늘
턱 허니 맨 앞자리 차지하고

홍 갓, 쪽파, 청각, 석화, 유자
오색 빛깔 앞 다투어 곱게 내밀고
멸치 젓, 새우 젓, 갈치 젓
젓갈들이 저마다 자신감 충만하니

찹쌀 풀 쓸까 조 풀을 쓸까
명태 포 뜰까 조기 포를 뜰까
찹쌀 풀이 좋겠네 조 풀이 좋겠네
명태 포가 좋겠네 조기 포가 좋겠네

허리끈 졸라 맨 환한 얼굴 아낙네들
양지 바른 마당에 헌 신문 깔고 앉아
별난 이야기 수다 떨다 열이 오르면

답답한 자기 양반도 양념에 버물어
서운함도 속상함도 날려 보내고
배춧잎 가닥마다 흥이 치솟아
갯바람도 춤추며 산 너머 가고

동네방네 속없는 양반들 모여 들어
얼 쑤 ~ 얼 싸~ 허 허
앗, 싸, 이 맛! 매운 맛 최고야
속마음 털어버려 볼이 빨간 아낙네들
간이 맞나 참말로 간이 맞나

나눠 먹어 좋고 서로 도와 좋으니
웃음꽃 피어난 마당 강아지도 꼬리치고
풍요로운 인심이 온 고을 돌고 돌아
매서운 동장군도 나 몰라라 도망치네

똥 떡! 외쳐

뒷간에 발 미끄러져 똥통에 빠져
똥 묻은 옷 보신 할머니
똥통에 빠진 아이는
일찍 죽는디 어쩐다냐
놀란 엄마 달려와 이 일을 어째

각시귀신 화났으니 달래자
똥 떡 하자 똥 떡 하자
팥 넣어 동그란 떡
똥 떡 하자 똥 떡 하자

뒷간에 각시귀신 심통 먼저 달래고
아이야, 나이만큼 너도 먹고
동네방네 나눠 줘야지

똥~ 떡! 똥~ 떡! 똥~ 떡!
소쿠리에 가득 담아
배꼽 튀어 나오게 외쳐대니
자신감 충만해진 아이
기 살려주는 액막이 똥 떡
똥 떡 먹은 귀신 물러가고
아이는 씩씩하게 자라나요

아버지의 소반

아버지 손때 묻은 소반은
배워야한다는 공부상
대를 이어줄 축하 생일상
건강 챙기는 삼시 새끼 소박한 밥상

할아버지와 겸상한 손자는
경이로운 젓가락질 배우고
할머니와 겸상한 손녀는
겸손한 숟가락질 배우니
밥상머리는 늘 의미 깊은 공부교실

아버지 손때 묻어 전해오는 소반
손자 손끝에서 반도체가 피어나고
손녀 발끝에서 아리랑이 춤추니
아리 아리 아리리오
아리 아리 아리리오

우리 가진 평범한 일상의 소반
정이 깃든 숟가락질 젓가락질
미래를 향한 야무진 디딤돌을

왕인박사 축제

아치형 벚꽃 길 따라
백제의 문화융성이 보이는 듯
월출산 정기 받은
영암 축제장으로 바삐 달려오는
남녀노소 그대들이여

왕인박사 축복 받으러
벙글벙글 꽃구름 사이로
바다 건너 산을 넘어 오시나요

바다 건너 동남쪽 섬나라
서책과 붓 하나 들고
뱃길 떠난 백제의 당신
높은 학문 그 업적
이웃나라 왕자님 가르치신
그 뜻을 전승하는 이 자리

당신의 빛으로 소통이 빛나고
상생의 맑은 샘물이 펑펑 솟아나
오랜 세월이 흘러갔어도
여전히 그 지혜의 맑은 샘물
영원히 빛나는 왕인박사 축제여

※아시아 경제신문 113호 A22에 기재 (2017년 6월)

세월, 못 봤지

세월이 오는 것을 보셨나요
아니요 오는가 싶더니
금방 가 버려서 못 봤네요

세월이 가는 것을 보셨나요
아니요 가는 가 싶더니
금방 지나가 버려 못 봤네요

세월이 멈추는 것을 보셨군요
아니요 오자마자 아침 이슬처럼
금방 사라져 못 봤네요

속절없이 오가는 얄미운 세월
쌀뒤주에 몰래 숨겨 뒀더니
감쪽같이 사라져 정말로 못 봤네요
감쪽같이 사라져 정말로 못 봤네요

발자국의 선물

아장아장 아가의 재롱꽃 발자국
우리에게 기쁨의 선물을

천방지축 뛰는 꿈꾸는 아이들 발자국
우리에게 행복의 선물을

힘차게 내딛는 젊은이의 당찬 발자국
이 땅의 보람찬 값진 선물을

역사 새겨진 노장의 연륜 발자국
우리에게 지혜의 선물을

귀여운 아이들이 있어
싱싱한 젊은이들이 있어
연륜의 노장들이 있어

발자국 모여 역사를 이루니
사랑의 기쁨이 잔잔히 흐르고
풍요로운 삶이 우리를 부르네

달, 그냥 보면 안 돼

달마중하자
정월대보름달은 그냥 보면 안 돼
산밭에 고춧대 피마자대 가지대
불 지피게 모아라 많이 모아라

불 피웠다 넘어라 불더미 넘어라
아이들도 넘고 새 아기도 넘어
한 살 두 살… 열하나 스물하나…
무서워하지 말고 겁내지도 말고
우~ 우~ 힘껏 넘어라

뜨거운 불길 향해 힘껏 뛰면
이 세상도 그리 넘을 수 있어
어떤 어려움이 닥쳐와도
힘차게 넘을 거야

거침없이 넘는 새 아가야,
달이 밝은 얼굴로 쏘옥 내미는 것은
둥글둥글 예쁜 아기 낳을 징조야

5부
주꾸미와 낙지

쭈꾸미와 낙지는 이웃사촌
다리 길면 낙지요
다리 짧으면 쭈꾸미

주꾸미와 낙지

쭈끼미 낙지는 다정한 이웃사촌
다리 길어서 낙지인가
다리 짧아서 쭈끼미인가

아이들아, 봄철 쭈끼미
무더워도 거뜬히 이겨
이른 봄 쭈끼미 먹통으로
몸속 막힌 곳 확! 뚫어봐

아이들아, 가을철 낙지
눈보라도 거뜬히 이겨
가을철 낙지 먹고 박차고 나가봐
소도 낙지 먹으면 벌떡 일어난대

니들 몸은 조상의 은덕이 서려있어
잠시도 잊지 말고
몸 건강해야 정신이 맑아져
튼튼한 몸으로 거친 이 세상
풍요롭고 아름답게 가꿔 봐야지

쟁기질

이~랴 이~랴 쯔쯔
이~랴 이~랴 쯔쯔
워~ 워~

겨우네 외양간 지키던 살찐 누렁이
자운영 꽃 가로질러
주인님 노래에 맞춰 쟁기를 끌고
콧바람 안개 피우며 한 걸음 한 걸음
풍요로운 꿈 그려가고

어~우~렁 더우렁
어~우~렁 더우렁

새참 막걸리 한 잔
쭈~욱 쭉~
홀로 세월을 그려가니
봄 향기 익어가는
산비탈 풀 뜯는 워낭소리

소록도의 두 천사

저 멀리 오스트리아에서
낯선 땅 한반도 남쪽 섬까지

1962년 꽃다운 20대에 날아온
천사 마리안느, 마가렛 두 수녀님
43년간 헌신적 사랑 담긴 소록도

나는 소녀 시절 직접 보았네

부모와 떨어져 철망 침대 안
옹알거리는 귀여운 아기들을
엄마한테 가고 싶어 우는 아기들을

돌보미가 되어 찾아오겠노라고
눈시울 적시며 떠나왔네

아버지 뜻 거역 못해
다른 길로 여기 왔는데

허나 두 천사는
보통 우리와는 달랐네

인도에서 한센환자 교육받은 의료진
시한 약속 만료되어 다들 돌아갔지만
두 수녀만 소록도 남아 환자들
고름 상처 평생을 맨손으로 어루만진
하늘이 내려 주신 곱고 귀한 그 손

같이 먹고 자고 빵도 구워
그들 생일에 행복꽃 피어나
절망의 늪을 삶의 꽃밭으로 일군
그 이름도 아름다운 마르안느와 마가렛

내가 못 이룬 편견의 그 험한 길
헌신적인 사랑의 두 천사에게
이 세상에서 가장 예쁜 꽃다발 바치네

나 보이든가

당신이 바삐 올라갈 때
나, 보이든가 안보이든가
나도 혼자 빨리 가는 사람 보면
무척 부러웠거든

둘이 가면 멀리 갈 수 있다 해도
혼자 빨리 가는 사람 보면
자유와 평화 가득 안고
즐겁게 가는 것 같아 부러웠거든

당신이 올라갈 때
안보이던 나
당신이 내려올 때
나 보이든가

이제라도 그럼 됐어
느리더라도 끝까지 함께 가요
길섶 이름 모를 예쁜 풀잎
사랑스러운 아침 이슬방울
놓치지 말고 같이 봐야하니까

대나무의 삶

땅속 긴 뿌리 세월 흐르는데
하늘만 보고 솟아
한 마디 한마디 오를 때마다
속 비우고 하늘 손짓하는구나!

강풍에도 꺾이지 않아
그대는 버드나무 유연함이요
혹한의 세찬 눈보라도 참아내니
그대는 인동초의 강인함이여

세파에 흔들이지 않은
그대는 소나무 푸른 절개
사시사철 푸르러
선비의 우아한 품격
아 ~ 대나무 그대 삶이여

유연함과 강인함을 지닌
품격의 소유자 대나무는
가치가 빛나는 삶을 노래한다

남이섬의 여름

북한강 대자연 숲의 언저리
줄지어 오는 발걸음마다
기쁨이 넘치고
흥겨운 콧노래 즐거운 남이섬

아주 먼 나라 가까운 나라
앞 다투어 찾아오는 세계인들
한여름인데도 북적북적
마냥 바쁘기만 하는구나!

그 이름도 예쁜 '나미 나라'에
상상이 꿈틀대는 동화 나라
연인들에게 주는 '연지'
벌레들의 사랑 놀이터 '곤지' 나라
사랑 꽃 피어나 행복하기만 하고

새소리 물소리 바람소리 하나 되는
꿋꿋한 절개 남이 장군 영혼이
조용히 하늘의 섬을 지키시니
평화가 강처럼 흐르고 있다

한겨울 시장 아낙네들

둥근 쪽지 머리한 곰피
긴 머리 풀어 헤쳐
뜨거운 물에 목욕하니
미끈한 초록몸매 윤기 자르르

갯바람 가무 즐기다 온
너 너울 해풍 섬초
긴 머리 휘날리는 실 허리 매생이

소금물에 껍데기 털고
하얀 속살 드러내 부둥켜안은
갯내음 풍기는 석화

맛과 정성이 어우러진
기막힌 몸매 뽐내는
한겨울 밥상머리
우리 바다의 이 멋진 밥상

살며시 엿보던 매서운 칼바람도
살살 실웃음 머금고 떠나가네

활력 넘치는 경동시장

동대문 용두동에서 청량리까지
와글와글 출렁이는 인파 물결

우리네 토종 먹거리
세계 도처 이름난 먹거리까지
없는 것 없이 다 있다는 풍요 시장
양반 행감 차림으로 주인 기다는데

최고 좋은 물건이요! 앗~ 싸!
어서 사세요! 싸요! 가져가세요!
삶의 교향곡이 우렁차다

오가는 손님들 서로 뒤질세라
박력 넘치는 소리에 쌈짓돈 다 털어
메고 들고 무거워도 웃음꽃 피우고

한약 지어 식구들 건강 챙기려
약령시장 들어가 보약 짓고
짤순이 집, 분쇄기 집에도 활기 넘쳐
사랑받는 우리네 경동시장

삿갓 꽃 방랑자

어진 조상님 욕되게 한 죄
푸른 하늘 쳐다보기 부끄러워
빈 배 뒤집어쓴 김삿갓

목동의 멋진 모자인가
어부의 살뜰한 우산인가

속인들이 쓴 겉치레 삿갓
백로 환자 까마귀 탄로 날까
안절부절 밤잠 설치지만

비바람 몰아쳐도 끄떡없이
막걸리 한 잔에 시 한수 읊어
영원을 노래하는 뜬구름 김삿갓
세월의 뒤안길에도 풍류로 수놓아
함초롬히 피어난 삿갓 꽃

외로운 이들의 진정한 위로가 되고
풍요의 행복을 주는데
그런 줄 모르는 나그네
또다시 떠나는 방랑길

월정사 전나무 숲

월정사 포근한 산자락에
울창하게 드리워진 전나무 숲

새들의 속삭임을 들어 보니
삶의 상처 담겨진 혼란한 마음이
어쩐지 편안해져

계곡에 흐르는 맑은 물 보니
험한 길 헤쳐 온 혼탁한 마음이
어쩐지 정갈해져

사각사각 낙엽을 밟아 보니
큰 돌 작은 돌 밟아온 시련이
포근한 낙엽에 잠들고

숲길을 거닐다 보니
마음을 깨우는 풍경소리
어둠 속 잊었던 옛 추억들이
전나무 숲 바람에 실리어오네

동해 바다 해돋이

동해 새벽바다
먹구름이 붉게 타더니
검은 바다도 붉게 타는 새벽

먹구름에 안긴 솜이불 하늘
검은 바다를 단숨에 헤쳐 온
몸부림의 그리운 하얀 파도
외로운 이의 가슴을 후비는데

이제 붉게 타는 가을 산야
불어오는 바람마저 붉게 타며
세상은 온통 희망도 붉어져
경이로운 눈부신 가을 아침

넓은 바다로 향한 그리움
붉게 타며 다가와
하얀 파도와 손잡고
소~아 솨솨~ 함께 가는구나!

방태산 계곡

방태산 초록빛 숲 속
폭풍이 물러간 자리
맑은 요정들이 물길 따라 흐르고

산등성이마다 시원한 바람 불어와
흥겨운 새들의 노랫소리에
하얀 폭포가 춤추는 아름다운 계곡

어떤 이는 꿈이고
어떤 이는 생명이라

별이 쏟아지는
고요한 깊은 밤에도
여전히 일렁이는 폭포 요정

그리움에 잠 못 이루던 외로운 나그네
마음의 짐 내려놓고 뜨는 샛별 향해
폭포 요정을 어깨에 메고
그 어디론가 홀로 가나

곤지암 도자 공원

좌 청용의 큰 가슴
숲 속의 아늑한 도자기 공원
역사 속의 이야기
속살과 색깔이
알지 못할 그 무언가를 가진
깊고 오묘한 그윽한 도자기들

도자공의 지혜와 혼을 부어넣어
정성껏 빚은 우아한 자태
무슨 감탄사로 설명할 수 있을까

깨진 사금파리 무덤을 보니
작품 하나 만들기 위해
이 얼마나 고통스러웠을까

우아하고 영롱한 빛깔 도자기들
이 세상 밝히는 초승달 마냥
도공의 피눈물의 정성과 혼이
내 마음에 깊게 사무쳐 오는
곤지암 도자공원의 하늘빛 청자

원추리

여기저기 쭉쭉 뻗은 꽃대
솟아오른 주황빛 꽃송이
된장국 끓이면 구수한 제 맛
산나물 봄 순은 '넘나물'

망우초(忘憂草)라 불러
근심 걱정 다 잊으시라 했고
득남초라 불러
임산부 몸에 지녀 아들 낳으리라 하니

청아하고 예쁜 원추리 샘나
미국 데려가 '데이릴리'(Daylily)
이름표 바꿔 달게 된 애환을 안고
제 고향으로 다시 돌아왔다네

하루만 피고 시들고 만다지만
기다리는 마음 담고서
자신을 제대로 알아봐 달라며
고산 언덕에 자태 드러낸 원추리

일자산의 황혼 빛

숲 속의 공원 놀이터에
세월 따라 온 슬픔이
세월 따라 온 기쁨이
추억을 개봉하러 와 있다

고통의 산물인 부실한 몸
종합 병원 들락거리지만
아직도 꿈꾸는 언니, 오빠
행복이 다시 찾아와 엿보는
상쾌한 이른 아침

시련은 폭풍의 아픈 상처
여기저기 고장 난 몸일지라도
생명의 빛은 기쁨의 축복
세월을 노래한 맑은 바람소리
노랫가락 물고 온 새들

변함없이 활기찬 숲 속에
빙그레 웃는 애교만점 할머니
허 ~허 허~ 호탕한 할아버지
황혼의 사랑이 익어간다

안면도 꽂이 해변

보드라운 엄니 젖가슴일까
잔잔한 바람에 날아가는 깃털일까
푹석푹석 비단 솜이불일까

긴 언덕 따라 보드라운 은모래
울창한 소나무 숲 길 따라
아름다운 꽂이 해변
넓은 서해바다 감싸 안고서
어서 와서 만져 달래

뒹굴면 더 좋다하니
홀~라 홀라 홀라~당
입 맞추고 이리저리 뒹굴어봐

낯이 간지러운 것은
모래 바람 입맞춤이야
온갖 상념마저 파도가 실어가

모래 한줌 손에 쥐었다 펴 보면
이 세상이 모두 내 손 안에 있어

나물 캐는 두 여인

봄바람 곁에 두고
두 여인, 나물 캐기 시합인가

달래를 캐는지
냉이를 캐는지

아지랑이 봄 문 열어
삐~ 끔 대문도 열어 제처 놓고

된장 풀어 구수한 음~
천리 길 봄 향기 보내는가

속앓이 탈탈 풀어헤쳐
만 리 길에 서러움 보내는가

십리도 못 가는 두 여인
행복 캐는 건지 정말 그런지
아지랑이 실실실 눈웃음치며
사방팔방 오고가네

한강

양수리, 두물머리
북한강과 남한강이 손을 맞잡고
오직 한 줄기 강물로
유구한 역사를 안고 도도히 흐르니
그 이름도 아름다운 한강입니다

불빛이 쏟아지는 찬란한 강이라
때때로 밤잠을 설치기도 하고
가끔은 눈비 내려와 온 몸을 적셔도
우리를 향해 드맑게 웃는 한강입니다

어떤 이는 당신의 온몸에 생채기를 입히고
또 어떤 이는 당신의 발목을 잡고 짓눌려
피멍이 들게 하지만
그 고난을 견디어 온지 수많은 나날
당신은 변함없이 물안개 꽃을 피웁니다

어미 찾아 달라 애원하는
길 잃은 어린 물고기와
날아가다 지친 새들까지
당신이 포근히 품어주던 가녀린 생명들이

새 둥지 찾아 떠나가길 수천 년
그들이 편히 쉴 곳도 마련해 주는
푸른빛 수놓은 강 이불로 수천 년

당신은 이 땅의 질긴 생명줄이요
당신은 편안한 안식처입니다
당신은 우리의 하나 된 사랑이요
당신은 모든 이가 꿈꾸는 희망입니다.

겨울 안고 떠난 백조

백조가 겨울을 안고
북쪽 나라로 떠나갔다

할아버지 떠나신지 꽤 오래 전이고
구깃구깃 지폐 내 손에 꼭 쥐어주던
할머니 떠나신지 오래 전인데
삼년 뒤 할머니 못 잊어
아버지는 우릴 두고 떠나가셨다

작년 여름 어머니 떠나시고
석 달 뒤 읍내 할머니도
산이 좋아 모두 산으로 가셨다

내년 겨울 돌아오겠다는 백조는
오늘 아침에 떠났고
작년 봄에 떠난 매화는
봄소식 안고 벌써 와 있는데

행여 어머니 한 분이라도
오신다는 기별이나 들을 수 있을까
온종일 앞산 넘나드는 내 마음

申仁順 詩人의 作品世界

「바다마음에 담긴 작품의 특성에 대하여

美IAEA 유니버스티 명예총장
美링컨평화재단 국제총재 · 金 仙

시인이란 무엇인가? 시란 무엇인가?

이러한 물음에 수학적 공식의 문답처럼 한 마디로 "이러한 것이다." 이렇게 간단명료하게 평가하기란 어렵다.

시인마다 나름대로의 특성과 독창성이 다르고 나름대로의 복잡다단한 심리적 양상과 작품관 등에 따라서 그 주제와 노래의 빛깔과 맛과 멋, 표현이 추상적인 것도 그 요인의 원인으로 작용한다.

그러한 가운데서도 필자의 경우 현문(賢問)에 우답(愚答) 격으로 "시인이란 한송이 꽃잎에 맺힌 이슬 우주의 영혼을 보았네" 라고 노래한 시인, 또한 "꽃잎에 맺힌 이슬떨기를 왕국과도 바꾸지 않겠다"는 시인의 말을 경이

롭게 받아들이게 된다.

필자는 여러 유형의 시인들 중에서 신인순 시인의 시집 「바다 마음」에 수록된 작품들에 나타난 특성, 그 주제의 몇가지 양상(様相)에 대해 하이라이트로 논급할 것이다.

이번에 상재하는 신인순 시인의 "바다 마음" 의 특성은 그가 생장한 고흥반도를 자신의 호 심해(心海)걸맞는 이미지,마치 늙은 흑인, 올드블랙조, 등의 망향가와 그 정서와 맥락이 상통하고 있다.

저 유명한 독일의 대문호 괴테와 더불어 독일 고전주의 문학의 대가라고 평가받는 쉴러(Fridrich Von Schiller)는 이러한 명언을 남긴 바 있다.

"인간은 자연을 떠나면 완전함과 행복을 읽게 된다" 고

신인순 시인은 자연친화 사상(自然親和思想)과 토속적 정서, 인간 본향의 근원적 향수를 자신의 시심(詩心)의 씨줄과 날줄로 삼아 비단폭에 일일이 수를 놓듯이 노래하는 시인이다.

그러한 특성 중에서도 신인순 시인의 독창성은 흙내음 사람내음 물씬 풍기는 인간끼리의 따스한 인정을 배면(背面)에 깔고 자신의 작품에 담아낸다.

시집 「바다 마음」에 수록된 작품들은 제1부 「반딧불이 사랑」 제2부 「별하나 꽁꽁」 제3부 「콩 볶아 먹는 날」 제4부 누룽지 친구」 제5부 「쭈꾸미와 낙지」 이렇게 구분된다.

어린 날 어머님의 자장가 같은 그러한 심상(心想)이 독자의 가슴에 「G상의 아리아」 또는 잃어버린 날의 메아리, 로렐라이의 노래처럼 동화속의 세계로 이끌어들이는 묘한 매력을 발산한다.

시인이 태어나 생장한 고향 고흥반도, 그곳의 바다, 그 배경에 소속된 정답고 그리운 대상들은 비록 오랜 시일이 흘렀어도 시인의 마음속에 영원히 살아있다.

심해(心海), 마음의 바다, 시인의 호처럼 고향의 그 바다는 시인의 가슴 속에 시심을 자아내는 영원한 존재이다.

그러한 모티브에서 "마음 바다"는 시인의 자화상이자 영원히 존재하는 '바다'라는 상징성으로 불사조의 이미지로 작용한다. 한정된 지면이라서 더 총체적으로 논급하지 못하는 아쉬움을 접어두고 시집 「바다 마음」을 발판으로 삼아 "나중에 난 뿔이 더욱 우뚝하다"는 말처럼 삼아 거듭 정진, 새롭게 거듭나는 시인으로서 대성(大成)을 기대하는 바이다.

어머니 머리 위 대나무 석작
떡 가득 담아 외갓집 가던 날
고갯마루 성황당 떡 올려놓고
흰 치마 자락 나부끼면 빌고 또 빌던
곱고 고우시던 내 어머니

바닷가 외갓집 개펄에 다시 오니
꼬막 줍던 어머니 보이지 않고
짱뚱어 팔딱팔딱 잘도 뛰는데
언제쯤 오실까 밀물따라 오시려나
자식밖에 모르시던 내 어머니

내 작은 손 쓰다듬고 어루만지시며
울지마라 울지마라 달래시더니
푸른 바다 저 멀리 물결 따라 가셨을까
이제는 먼 나라 영영 가신 내 어머니
목이 메어 불러 봐도 물결만 출렁 출렁
아무리 불러봐도 물결만 출렁이네

「외갓집 가는 길」 全文

마침 이 시집이 간행되는 시기가 가정의 달 「어버이

날」을 맞이하는 5월이다.

고향에 대한 이미지와 아련한 추정(追情)이 짙게 서려나는 어머니에 대한 사모곡(思母曲) 성향이 독자에게 짙은 공감대를 확장시킨다.

생전의 어머니, 모든 부모, 누구에게나 어머니가 그러하듯 어머니에 대한 추정이 「외갓집 가는 길」을 통하여 타임머신을 타고 파노라마처럼 시인의 심상을 묘사, 깊은 감명의 울림이 전해진다. 마치 먼 바다를 사랑하는 대상을 떠나보내는 이의 절절한 아픔이 「G선상의 아리아」의 이미지가 서려난다.

「고갯마루 성황당 떡 올려놓고/ 흰 치마 자락 나부끼며 빌고 또 빌던/ 곱고 고우시던 내 어머니」「바닷가 외갓집 개펄에 다시오니/ 꼬막줍던 어머니 보이지 않고」이러한 구절을 대하면 어떠한 준말을 덧붙이 필요도 없이 짙게 서려나는 페이소스가 독자의 심금을 울려준다.

백조가 겨울을 안고
북쪽 나라로 떠나갔다

할아버지 떠나신지 꽤 오래 전이고
구깃구깃 지폐 내 손에 꼭 쥐어주던

할머니 떠나신지 오래 전인데
삼년 뒤 할머니 못 잊어
아버지는 우릴 두고 떠나가셨다

작년 여름 어머니 떠나시고
석 달 뒤 읍내 할머니도
산이 좋아 모두 산으로 가셨다

내년 겨울 돌아오리라는 백조는
오늘 아침에 떠났고
작년 봄에 떠난 매화는
봄소식 안고 벌써 와 있는데
행여 어머니 한 분이라도
오신다는 기별이나 들을 수 있을까
온종일 앞산 넘나드는 내 마음

「겨울 안고 떠난 백조」 全文

인용한 내용은 인연과 핏줄에 얽힌 끈끈하고도 질긴 가족사의 내력이 담겨있다. 시인도 이미 노년기에 이르는 나이, 마치 홀로 외딴 강가에 서서 붉게 타오르다가 서서히 스러져가는 노을, 장엄하면서도 가룩한 眞, 善, 美의 극치, 그 의미를 연상시킨다.

이미 고인이 되신 할아버지, 할머니 그리고 시인의 아버지, 이렇게 이어지는 인연의 슬픈 대물림을 떠올린다.

심상에서 메아리처럼 부메랑처럼 심상에 굽일어나는 새록새록 애틋한 정겨움으로 어필하는 심사를 언어의 감각적 형상화로 부각시킨다.

마치 노을진 강가에서 고요히 스러지는 백조의 울음을 연상케 한다.

일설에 의하면 백조는 마지막으로 최후의 순간 가장 비상미가 서려나는 아름답고 슬픈 노래를 남긴다고 한다.

시인은 흡사 그러한 백조의 심사로의 엘레지를 작품으로 형상화 시킨다.

전자의 작품이 외갓집 셋팅으로 삼은 그리운 대상, 사모곡 이라면 후자는 친가의 가족사를 작품의 배경으로 삼고 아버지를 중심인물에 등장시킨 사부곡(思父曲)에 해당되는 내용이다.

전자에 예시(例示)한 작품들은 일종의 만가(輓歌), 즉 엘레지(Elege) 성향을 지닌 작품이다.

내킨김에 만가, 엘레지에 대한 개념 정립에 대해 간략한 고찰을 덧붙이겠다.

김용직 서울대 명예교수의 영미비평용어(英美批評用

語)에서는 이렇게 정의하고 있다.

만가(輓歌) Elegy 죽은 이에 대해 슬퍼하고 애도하는 시, 원래 중국에서는 영구(靈柩)를 끌고 갈 때 부르는 노래였는데, 나중에 죽은 사람에 대한 조상(弔喪)의 노래로까지 의미가 넓어졌다. '輓歌' 라고도 쓴다. 서양에서는 죽은 사람을 조문(弔問)하는 기도문의 일종이었으나 장례식, 추도회 때 부르는 애도의 노래를 일컫는 말이 되었다. 또한 깊은 슬픔을 나타내는 노래를 뜻하기도 한다. 16세기 초 영국에서는 장례의 노래나 애도의 노래로 이 만가가 도입되었다.

스펜서(E. Spenser)의 Daphnaida(1591)는 르네상스 이후의 기독교 사상의 영향으로 죽음에 대한 승리와 부활의 희망이 내포된 한 관습을 이룬 만가의 대표이다. 셸리(P.B.Shelley)가 키이츠(J. Keats)를 애도한 Adonais, 아놀드(M.A. Arnold)가 그의 친구를 애도한 Thyrsis는 만가의 훌륭한 보기로 간주된다. 그레이(Gray)의 Elegy Written in a Country Churchyard(1751)는 사람을 애도하는 것이 아니라 삶의 방법에 대한 애도하는 점에서 다른 만가와 성격을 달리 한다.

18세기 영국의 묘지파(the graveyard school) 시인들은 죽음과 무상의 시를 지었는데, 이 경향이 유럽 전체에 퍼졌다. 독일의 릴케(R. M. Rilke)는 〈두이노의 바가〉에서 고대와 르네상스의 전원시적 분위기의 만가와 우울의 시(詩)인 묘지파의 전통을 종합하여 낭만적 만가풍 시의 절정을 이루었다.

만가의 주된 정조는 우수(憂愁)이다. 한국의 시도 한(恨)을 그 기본적 특성으로 하는 바 상당수가 만가푸을 띠고 있다. 슬픔이나 우울을 직접적으로 노출시키지 않고 내면에서 수용하여 달관적 태도를 지니는 시풍을 만가적이라고 한다.

엘레지 성향의 작품을 많이 생산한 우리의 민족시인 소월은 고향에 대해 이렇게 노래한다.

「고향을 잊었노라 하는 사람들…」 죽어서도 천애일방 떠돌지 말고」 「백골이나마 고향으로 네 가거라」 이렇게 핏빛의 망향가, 절실한 심사의 절창을 남기고 있다.

우뚝 솟은 팔봉 역사가 서린
팔영산에 올라보니
옥빛 바다 해안선이 곱기만 하네

꼬막, 굴, 장어, 파래 맛있게 먹고
천방지축 뛰어놀던
고흥 반도 터를 가진 그대들

지금은 어디에서 무얼 할까
상큼하고 달콤한 유자향기
진하게 번지는 능가사
청청한 범종소리 마늘밭 가르고
붉은 석류꽃 영혼을 노래하니

푸른 꿈이 넘실대는
외나로도 우주센터 인공위성
희망 담아 하늘 높이 날리네

팔영산 둘러싼 바다
임진왜란 좌수영 본거지
왜적들을 물리친 승리의 사당
고독한 영웅 이순신 영정 앞에
내 가슴이 울컥, 숙연해진 나

퇴계 율곡의 성리학 학문을
천하에 드높인
농산 신득구 공의 주옥같은 서책들
흙 속에 오래 묻힌 진주 찾아내니
환호성 지르며 몰려드는 세계 석학들
난, 뿌듯하여 밤잠 설치네
조상의 얼이 꿈틀거려
숨 가쁘게 몰아쉬는 역사 위에

미래가 탄탄한 삶의 터전
활력이 넘치는 내 고향 고흥반도

고향 찾아온 발걸음마다
피곤한 마음을 달래준 그리운 어머니
그 목소리 아득히 들려오는

「내 고향 고흥반도」 全文

시집 제목 그대로 「마음 바다」 신시인의 시심, 그 원천적 고향인 고흥반도, 거기의 풍광과 서경, 생장과정에서 비롯된 시심의 모든 성향이 망라되어 있다.

「옥빛 바다 해안선」 「꼬막, 굴, 장어, 파래」 「상큼하고 달콤한 유자향기/ 진하게 풍기는 능가사」 여덟 봉우리의 정기가 서려 반영되는 팔영산, 이러한 작품적 배경과 시심이 호소력 깊게 공감대를 확장시킨다.

시인은 「팔영산 둘러싼 바다/ 임진왜란 좌수영 본거지」 명나라 장수 진린은 불멸의 성웅 이순신을 두고 '바다에 빠진 태양을 다시 건져 올렸다.' 고 최상의 극찬을 하였다. 그런 성웅에 대하여 영원히 수장될 뻔한 우리의 역사, 민족의 명운(命運)을 되살린 성웅의 영정을 대하며 자라난 시인의 시심, 그 성향이 잘 묘사되고 있다. 「퇴계 율곡, 성리학 학문을/ 천하에 드높인/ 농산 신득구」 이러한 인물사에도 깊은 관심을 표명하며 새롭게 나름대로의 의미론을 부여하며 조명한다.

시인이 생장한 고흥반도에 대한 예찬과 애향심이 여실히 묘사되는 일종의 찬가 형식의 작품이다.

저 멀리 오스티리아에서
낯선 땅 한반도 남쪽 섬까지
1962년 꽃다운 20대에 날아온
천사 마리안느와 마가렛 수녀님
43년간 헌신적 사랑이 담긴 소록도

소녀 시절 직접 보았네

부모와 떨어져 철망 침대 안
옹알거리며 우는 아가들을
엄마한테 가고 싶어 우는 아기들을

돌보미가 되어 다시 오겠노라고
눈시울 적시며 떠나왔지만

아버지 뜻 거역하지 못해
다른 길로 왔는데

허나 두 천사는
보통 우리와는 달랐다

인도에서 한센환자 교육받은 의료진으로서
시한약속이 만료되어 다들 돌아갔지만
두 수녀만 소록도에 남아 환자들
고름 상처 평생을 맨손으로 어루만진
하늘이 내려주신 곱고 귀한 손

같이 먹고 자고 손수 빵도 구워
그들 생일에 행복꽃 피어나
절망의 늪을 삶의 꽃밭으로 일군
그 이름도 아름다운 마르안느와 마가렛

내가 못 이룬 뜻 편견의 험한 그 길
헌신적인 사랑의 두 천사에게
이 세상에서 가장 예쁜 꽃다발 바치네

「소록도의 두 천사」 全文

소록도, 즉 작은 사슴의 섬, 천혜의 아름다운 자연배경을 간직한 곳이다. 그러나 소록도에는 우리의 뼈아픈 역사, 이른바 한센인, 즉 문둥병 환자들의 통한과 애환이 자옥자옥 서려나는 곳이다.

흔히들 문둥병을 천형(天刑)이라고 일컫는다.

명문 북경대 출신의 나병환자 한하운(韓何雲) 시인의 비가(悲歌)를 연상시키는 곳이다.

필자는 「가도가도 황톳길」이라는 제목의 상, 하권 분량의 작품에서 한하운 시인을 주인공을 삼고 한센인들에 얽힌 그들의 비참하고 한맺힌 삶을 다룬 바 있다.

인간의 기본적인 인권과 존엄성이 철저히 짓밟히고 인간 이하의 취급과 냉정한 세태 인심속에 멸시와 학대를 당한 잔혹한 비극의 현장이다. 그런데 그러한 가운데서도 저 위대한 성녀(聖女) 마더 테레사 수녀처럼 헌신과 봉사의 생애로 마감했던 두 분의 천사 「마리안느」와 「마가렛」 수녀님에 대한 살신성인(殺身成仁)의 삶을 구현한 두 분의 생애에 대한 존경과 찬사를 담은 헌시이다.

그러한 분들이 있기에 우리의 인류는 영원히 존속할 가치를 지닌 존재하고 할 수 있을 것이다. 그들의 거룩한 생애가 시인의 노래로 탄생되어 독자의 심금을 울리고 있다.

저 위대한 러시아의 대문호 톨스토이, 그의 작품 속에서 느끼게 되는 박애주의와 휴머니즘, 인간애(人間愛)가

짙게 서려난다.

다음의 예시(例示)하는 작품에서도 동질의식(同質意識)의 성향이 감지(感知)된다.

왜 밥상 차려줘
바가지에 밥 퍼 주면 되지

어매 무서워라 어매 더러워라
거지만 보면 도망 다니던 시절

거지만 나타났다하면
동네 사람들마다 손들어 가리킨 곳

그 곳은 우리 집
덕석에 앉아 상 받쳐 밥 먹는 이들

나, 그들 보면 토할 것 같은데
코로 들어가는 건지 입으로 들어간 건지
허기진 배 채우는 동안
내내 흐뭇해하신 함박꽃 우리 할머니

그들 대접하던
동그란 밥상 가져 가셨을까

지금도 하늘나라에서도 영원히
그들 밥상 차리고 계실까

「허기진 밥상」 全文

「왜 밥상 차려줘/ 바가지에 퍼주면 되지」「어매 무서워라 어매 더러워라/ 거지만 보면 도망 다니던 시절」철모르는 어린 시절의 시인 자신의 자화상이다.

「거지만 나타났다하면/ 동네 사람들마다 손들어 가리킨 곳」

그곳은 시인의 가족들이 정겹게 모여앉아 밥상을 놓고 이야기꽃을 피우는 행복한 자리, 덕석, 즉 앉을자리를 마련하는 멍석이 깔린 자리이다.

그런데 그 자리에 차별하지 않고 땟꾹이 흐르고 불결한 거지에게 밥상을 차려주던 할머니, 거지들이「허기진 배를 채우는 동안/ 내내 흐뭇해하신 함박꽃 우리 할머니」

당시 어리고 철모르던 시인은 영문을 몰랐다. 이제 다시 세월이 흐른 후에야 사람은 누구나 평등하다고 여기던 할머니의 따스하고 포근한 인정을 떠올리며 그 추억과 의미를 되새기며 반추하고 성찰하는 모습을 보여준다. 생전에 후덕하고 인심이 좋아 거지조차 내치지 않고 차별 없이 베풀던 할머니에 대한 애틋한 추모의 마음을 담아 이렇게 노래한다.

「지금도 하늘 나라에서도 영원히/ 그들 밥상 차리고 계실까」

생전의 할머니, 그 심성과 인정을 이어받은 시인의 일면이 잔잔한 파문처럼 굽일어난다.

오늘날 각박한 도시의 인심에 비추어 우리 모두가 성찰(省察)할 계기를 간접적으로 제시하는 바 있다.

우리의 조상들은 감나무에서도 까막까치도 더불어 살아야 한다는 여유로 먹감, 까치 먹이의 몫을 남겨두는 그러한 배려심을 지녔다.

마음의 여유를 지닌 사람이 밭가의 이삭조차 가난한 대상을 배려하여 드물게 남길 줄 아는 그러한 마음과 일맥상통한다.

농민을 대상으로 쓴 소설과 이무영의 작품 속에는 흉년에 가난한 사람이 밤중에 곡식을 훔쳐가는 내용이 나온다. 그러한 도둑이 적당히 달아날 아량을 베푸는 주인공이 나온다. 그는 상대가 누군지를 알면서도 윽박지르거나 다그치지 않는다. 시인의 할머니 마음에서도 그러한 동질의식(同質意識)이 나타나고 시인조차 그러한 심성을 지녔음을 작품을 통해 간접적으로 유추할 수 있다.

지금까지 예시(例示)한 작품들에 대한 총체적인 인상과

시인의 성향, 작품의 기법에 대해 부연하기로 한다.

이번 출간되는 신인순 시인의 「바다 마음」에 수록된 작품들은 서정시(抒情詩, lyric) 성향이 대부분이다. 서정시의 개념을 다시 일깨워 되새겨 볼 필요가 있다.

서정시(抒情詩, lyric) 서양 원어는 〈리라(lyra)〉라는 현악기에서 왔다. 서정시는 본래 악기에 맞추어 부르는 노래가사를 뜻했던 것이다. 그러나 후에는 말의 짜임새가 노래의 리듬이나 선율을 암시하지만 주로 읽기 위해 쓰인 개인적인 감정을 표현하는 짧은 시를 뜻하게 되었다.

노래는 많은 사람을 대상으로 한다. 즉 비개인적이다. 개인적 감정의 표현은 많은 사람을 대상으로 하지 않는다. 이처럼 노래의 대중지향성과 감정표현의 개인지향성을 서정시는 한꺼번에 가지고 있어 서정시의 폭은 극에서 극에 이르기까지 넓은 셈이다. 따라서 서정시에 대한 만족스러운 설명을 하기가 어려워진다.

우선 서정시의 노래스러운 성향부터 논한다. 애초에 문학은 읊기 위하여 또는 노래하기 위하여 지어졌던 것이고, 거기에 춤까지 곁들이는 것이 보통이었다. 그러므로 원시문학은 노래와 율동에 어울리기 위하여 자연히 운문이었다. 서양에서 운문문학은 차차 그 길이, 소재, 제시의 방법, 운율의 종류 등에 따라 극시, 서사시, 〈노래시(melic poetry 즉 서정시)〉로 구분되었다. 노래시는 짧고 정열적이고 그 곡조와 리듬이 아름다움과 이야기를 담고 있지 않음이 다른 두 장르와 구별되는 것이었다.

노래의 호흡, 리듬, 선율 등 음악적 조건에 맞도록 말의 음성적 요소들을 선택하고 배열한 결과 이른바 율격(mater)이라는 것이 발생하였다. 율격을 노래시의 말씨를 형식화시켰다.

일반 독자나 모두에게 참조가 되리라 믿는다.

신인순 시인의 작품 속에서 직접 또는 간접적으로 내포된 그 의미를 추찰하자면 지나친 물질문명의 추구에서 파생되는 고향상실의 내용이 함축되어 있다. 다시 고향상실에 대한 개념을 현대 영미 비평계에서는 이러한 지론으로 정립하고 있다.

고향상실(故鄕喪失 Heimalosigkeit), 여기서 고향이란 정신적이 차원에서 쓰인 것이다. 즉, 영혼이 돌아갈 곳을 잃은 상태를 가리켜 고향상실이라고 한다. 말을 바꾸면 우리 생이 정신적인 의미에서 생의 뿌리를 박을 근거가 없는 상태, 곧 지반상실(地盤喪失)의 상태를 가리킨다. 서구에서는 이런 경향이 18세기 말에서 19세기 초두에 걸치는 기간에 두드러지게 나타난다. 거기에는 독일 낭만주의의 경우에 나타나는 바와 같이 중세 동경의 성향이 엿보인다. 또한 휠덜린(F.Hölderlin)과 니체(F.W.Nietzsche)등이 보여준 고대 그리스에의 회귀, 원망(願望)이나 니힐리즘의 체험 속에서도 그 단면이 검출된다. 서구사회는 근대에 접어들면서 그리스도교인 신앙이 급격하게 뒤흔들렸다. 그에 따라서 영혼의 동요가 일어났는데, 니체는 그것을 "신은 죽었다" 는 말로 표현했다. 그의 표현에 따르면 그리스도교적인 세계가 그의 발밑에서 "무와 나락(奈落)" 으로 미끄러져 버렸다. 그는 곧 역사적 무공향의 상태를 체험하게 된 것이다. 한국문학을 살펴보면 고향상실 현상은 일제치하에서 두드러지게 나타난다. 식민지체제하에서 우리 사회에는 심한 제약, 박해가 가해졌다. 그리하여 인간성이나 인정이 수수(授受)되고 영혼이 안주할 시간과 공간이 확보될 수 없었던 것이다.

신인순 시인의 시심은 콘크리트에 뒤쌓인 매연과 미세먼지, 소음, 화려한 네온사인을 배경으로 한 비정한 인심에 매우 상반된다.

원초적 본향의 파도소리 들리는 곳, 갯벌의 짱둥어, 꼬막, 외갓집, 아침 등 토속적이 정서가 서려나는 자연을 배경으로 생산되는 식물성 향수가 그 주된 모티브이다.

산업화 과정에서 살벌한 모순, 물질문명에서 파생되는 온갖 부정적 요소들을 간접적으로 제시, 그 반작용적인 작품을 제시하는 특징을 지녔다.

신인순 시인은 온실에서 인공적으로 재배된 상업성 꽃들, 장미, 외국산 품종의 외래성(外來性) 잡종 꽃들보다 시골 논두렁 밭두렁에서 대할 수 있는 콩꽃, 또는 자생적 꽃나무에서 피는 동백, 이름 없는 들꽃 등의 천연(天然)과 자연(自然), 풋풋하고 싱그러운 이미지를 풍긴다.

생산된 그의 작품을 대하면 "자연으로 돌아가라" 던 장자끄 루쏘, 하버드 출신으로서 월든, 호수에서 자신의 사상을 행동과 생활로 실행한 헨리 데이비드 소로우, 저 유명한 중국의 대시인 국화처럼 청담한 풍모를 지닌 "귀거래사" 의 주인공 도연명(陶淵明)을 연상시킨다.

신인순 시인의 시집 「바다 마음」에 수록된 작품들은 현대인들의 메마른 정서를 촉촉이 적셔주는 꽃씨와 초목을 소생시키는 봄비의 이미지를 지녔다.

맛으로 치자면 서양식 피자, 잡탕음식, 버터 그러한 성향과는 상반된다. 인스턴트식품, 탄산음료가 아닌, 산골 옹달샘 같은 물맛, 향기롭고 쌉쌀한 산나물,해초, 해묵은 조선

간장, 그러한 맛을 풍겨준다.

새벽녘 먼 산사에서 끊이듯 이어지는 종소리의 여운, 산골 여울물의 이미지, 끼룩거리는 갈매기, 바닷새의 울음, 아련한 추정(追情)을 일깨우는 그런 목가(牧歌)적인 상상을 하게 한다.

바다 마음

2018년 5월 18일 초판 인쇄
2018년 5월 25일 초판 발행

저　자 | 신 인 순
발행인 | 이 승 한
편　집 | 이 수 미
발행처 | 엠애드출판사
등　록 | 제 2 - 2554
주　소 | 서울시 중구 충무로 4가 36 - 7 2층
전　화 | 02) 2278 - 8063
팩　스 | 02) 2272 - 8064
이메일 | madd1@hanmail.net

ISBN 979-89-6575-105-2 03810

값 15,000원